LA BOULANGÈRE A DES ÉCUS,

COMÉDIE-VAUDEVILLE EN DEUX ACTES,

PAR
MM. THÉAULON, GABRIEL ET CH. DESNOYER;

Représentée pour la première fois, à Paris, sur le théâtre des Variétés, le 3 novembre 1838.

DISTRIBUTION DE LA PIÈCE :

LE RÉGENT.............................	M. BRINDEAU.
LE DUC D'AMBOISE......................	M. CAZOT.
LE CHEVALIER DE FOLLANGE..............	M. LIONEL.
LE COMTE DE CHAVIGNY..................	M. DUSSERT.
LE MARQUIS D'ÉTIOLES..................	M. MAYER.
JEAN LE BLANC, meunier................	M. ADRIEN.
PAIN-MOLLET, garçon boulanger.........	M. HYACINTHE.
GALLET, épicier-chansonnier...........	M. REBARD.
UN SERGENT DU GUET....................	M. ÉDOUARD.
UN VALET..............................	M. EMMANUEL.
UN PAGE...............................	M. ÉMILE.
JEUNES SEIGNEURS.	
CHANSONNIERS.	
CATHERINE, boulangère.................	Mme JENNY-VERTPRÉ.
LA MARQUISE D'ÉTIOLES.................	Mlle POUGAUD.
LA COMTESSE DE CHAVIGNY...............	Mlle JOLIVET.
GARÇONS BOULANGERS.	

ACTE PREMIER.

Une rue avec un mur qui la traverse, au fond. A droite du spectateur, la maison de la boulangère; on lit sur son enseigne : A LA RENOMMÉE DES PETITS PAINS AU LAIT; à gauche, la boutique d'épicerie de Gallet, avec une grande fenêtre ronde en face du public. — Il est nuit. Les réverbères sont éclairés.

SCÈNE I.

GALLET, PLUSIEURS CHANSONNIERS.

GALLET, à ses amis.
Êtes-vous bien en voix, mes amis ?
TOUS.
Oui, mon cher Gallet.
PREMIER CHANSONNIER, montrant la boulangerie.
C'est là qu'elle demeure, la boulangère...
GALLET.
Oui, c'est là que la coquette respire... Attention, et commençons.
(Il s'approche de la boutique de Catherine.)

AIR connu.
La boulangère a des écus,
  Qui ne lui coûtent guère...
CHOEUR DE CHANSONNIERS.
La boulangère a des écus,
  Qui ne lui coûtent guère.
GALLET.
Elle en a, car je les ai vus,
La belle boulangère aux écus,
  La belle boulangère !
CHOEUR.
La belle boulangère aux écus,
  La belle boulangère !

GALLET.
DEUXIÈME COUPLET.
Noblesse, talents et vertus,
Tout ça n'est que chimère !
CHOEUR.
Noblesse, talents et vertus,
Tout ça n'est que chimère !
GALLET.
Quand on veut être des élus
Près de la boulangère
Aux écus,
Près de la boulangère.
CHOEUR.
Près de la boulangère
Aux écus,
Près de la boulangère !...
GALLET.
TROISIÈME COUPLET.
Les amours sont les bien-venus,
Quand ils prennent pour plaire...

SCÈNE II.
LES MÊMES, PAIN-MOLLET.

PAIN-MOLLET, *paraissant à la fenêtre au-dessus de la boutique.*
Gare l'eau !
(*Il jette un pot d'eau sur la tête des chanteurs.*)
LES CHANSONNIERS.
Ah ! mon Dieu ! qu'est-ce que c'est que ça ?
GALLET.
Ce n'est rien. Je continue...
QUATRIÈME COUPLET.
Quand on la compare à Vénus,
Faut voir comme elle est fière !
PAIN-MOLLET.
Vous ne voulez pas vous taire ?... alors, gare le feu !
(*Il tire un coup de pistolet en l'air.*)
LES CHANSONNIERS.
Ah ! sauve qui peut !
(*Ils se sauvent.*)
GALLET.
Voilà qui devient plus sérieux... une arme à feu après le pot à l'eau... rentrons.
(*Il va pour regagner sa boutique, un sergent du guet, suivi de ses hommes, paraît à la coulisse de gauche et l'arrête.*)

SCÈNE III.

GALLET, UN SERGENT DU GUET et SON ESCOUADE ; PAIN-MOLLET, *toujours à la fenêtre.*
LE SERGENT, *à Gallet.*
Halte là, je vous arrête !
GALLET.
Vous m'arrêtez ?... ce n'est pas moi qui ai tiré !...

LE SERGENT.
Votre nom ? vos papiers ?...
GALLET.
Gallet, épicier-droguiste.
PAIN-MOLLET.
Droguiste et chansonnier.
GALLET.
Je suis assez connu !
PAIN-MOLLET, *toujours à la fenêtre.*
Par ses drogues de toute espèce.
LE SERGENT.
Où demeurez-vous ?
GALLET.
Où je demeure ?... Tenez, voilà ma boutique... je sortais du Caveau où nous dînions depuis hier, trois heures de l'après-midi, et je rentrais chez moi sans songer à mal....
LE SERGENT.
Qui a tiré le coup de fusil ?
PAIN-MOLLET, *entrant.*
Voilà ! voilà !
LE SERGENT.
Qu'est-ce que tu veux, mitron ?
PAIN-MOLLET.
Sergent, c'est un coup de pistolet... le particulier ici présent était là à chanter sous nos fenêtres des chansons atroces contre le gouvernement.
GALLET.
C'est faux.
PAIN-MOLLET.
Vous chantiez faux, c'est juste... mais vous chantiez des couplets attentatoires au repos public... et à la morale ; c'est pourquoi j'ai tiré en l'air, pour débarrasser le quartier de tous les perturbateurs.
LE SERGENT.
S'il en est ainsi, monsieur Gallet, je suis forcé de vous conduire au violon...
GALLET.
Vous vous trompez ; et pour me justifier, je veux vous mettre sous les yeux les couplets que je chantais là avec des amis du Caveau... emportez ça, lisez ça, comprenez ça même, si vous pouvez... et si le roi et la loi ont quelque chose à me demander, vous me trouverez toujours dans mon magasin d'épiceries, où toutes les denrées coloniales et indigènes, telles que sucre, café, cannelle, muscade, lentilles et pois-chiches sont bien à votre service au plus juste prix.
PAIN-MOLLET.
Il ne vous parle pas de ses couplets... c'est sa plus mauvaise marchandise.
GALLET.
Veux-tu te taire, toi, gâte-farine !
LE SERGENT, *à Gallet.*
Rentrez chez vous ; je vais soumettre la susdite chanson à M. le commissaire ; je ne m'y connais pas assez pour juger moi-même ;

ACTE I, SCÈNE III.

mais M. le commissaire qui chante fort bien, à ce que l'on dit, décidera s'il y a lieu ou non à vous poursuivre par-devant le Petit-Châtelet....

PAIN-MOLLET.

Sergent, vous pourriez juger cela vous-même, la loi est pour vous.

LE SERGENT.

Tais-toi... le jour est venu ; avant une heure, je t'enjoins d'aller payer l'amende, pour avoir effrayé le Guet ; ne l'oublie pas, mitron !

PAIN-MOLLET.

J'y songerai... triste-à-patte !

LE SERGENT.

Continuons notre patrouille... Soldats, en avant, marche !

(L'orchestre exécute en sourdine l'air de la patrouille des Deux Journées.)

SCÈNE IV.

GALLET, PAIN-MOLLET.

PAIN-MOLLET.

Fi !.. fi !.. monsieur Gallet !.. C'est affreux !.. c'est indigne à vous !.. un homme établi faire des noëls sur le compte de notre bourgeoise, la meilleure petite femme de tout Paris et les environs !

GALLET.

Oui, elle est bonne, la meilleure femme !..

PAIN-MOLLET.

Allez demander de ses nouvelles à tous les indigents du quartier, allez leur chanter votre chanson, ils vous crieront comme moi : Gare l'eau !.. marchand de castonnade.

GALLET.

Enfin, c'est une franche coquette qui fait la fière parceque la ville et la cour viennent lui acheter en personne de ces petits pains au lait... qu'elle fait bien, très bien, je dois en convenir.

PAIN-MOLLET.

Si elle les faisait mal, on pourrait trouver ça mauvais ; mais ils sont délicieux, ses petits pains au lait, son éminence le cardinal Dubois ne vit qu'avec ça !..

GALLET.

Et le peuple vit avec du pain de sarrasin.

PAIN-MOLLET.

On sait pourquoi vous dites tout ça, monsieur Gallet ; c'est parceque la boulangère a refusé de vous épouser.

GALLET.

Moi !..

PAIN-MOLLET.

Oui, vous en vouliez, de la boulangère aux écus... mais, tenez, je vous le dis en ami, vous ne pouvez pas lui plaire... votre cœur est trop tendre et votre visage trop rassis.

(Il rentre.)

GALLET.

Insolent !..

(Le jour est tout-à-fait venu pendant les scènes précédentes. — Deux garçons épiciers ôtent les volets de la boutique de Gallet et ouvrent une fenêtre qui donne sur le devant de la scène et laisse voir au public l'intérieur de l'épicerie.)

SCÈNE V.

GALLET, seul.

C'est pourtant vrai, j'en voulais... je l'adorais... elle et ses écus... ses écus dont personne au monde ne connaît l'origine, mais qu'il me serait si doux de partager avec elle... Et la petite bégueule ne veut pas de moi ; il lui faut des marquis, des mousquetaires, des contrôleurs-généraux ; mais, de par Momus ! je lui ferai baisser le ton, ou je la chansonnerai toute ma vie !..

(Il prend un calepin et un crayon, et rentre dans la boutique, en composant et écrivant à mesure le couplet suivant :)

Les louis que l'on a perdus
Avec un mousquetaire...

(Il répète en chantant les vers suivants :)

Les louis... que l'on a... perdus...
Avec un... mousquetaire...
Avant qu'on sonne l'angélus...
Vont voir la boulangère
Aux écus,
Vont voir la boulangère.

(Avant la fin du couplet, il est allé s'asseoir devant son comptoir, et il achève d'écrire ce qu'il vient d'improviser.)

SCÈNE VI.

GALLET, dans sa boutique ; LE DUC D'AMBOISE et LE RÉGENT, en habits du matin et sans aucune marque de distinction.

LE DUC, montrant la boutique de Catherine.

C'est ici.

LE RÉGENT, montrant celle de Gallet.

Et là ?

LE DUC.

La boutique de l'épicier bel-esprit, dont la ville et la cour chantent les noëls...

LE RÉGENT.

Gallet ?.. Mais ne peut-il me reconnaître ?

LE DUC.

Vous a-t-il jamais vu ? Quant à moi, c'est différent, il est le fournisseur de ma maison ; il m'adresse ses épices et ses poésies légères, et je paie tout cela sur facture... au comptant. Je vais lui dire un mot, et de sa boutique, où nous allons nous établir, nous pourrons voir tous ceux qui entreront chez la boulangère...

LE RÉGENT.
Soyons prudents, surtout !..
(Il s'éloigne un peu, tandis que le duc s'approche de la porte de la boutique.)

LE DUC.
Bonjour, mon cher Gallet.

GALLET, se levant vivement.
Eh! monseigneur le duc d'Amboise!.. ma meilleure pratique !.. (A part.) Est-ce que je lui aurais vendu quelque épice de mauvaise qualité !.. (riant.) j'en suis bien capable! (Haut.) Quel motif peut me valoir l'honneur d'une si noble visite?

LE DUC, riant.
Mon cher Gallet, je viens me faire épicier !..

GALLET, à part.
A son tour, il en est bien capable!.. (Haut.) Monsieur le duc veut rire !..

LE DUC.
Mais non, c'est fort sérieux; vous allez vous rendre à mon hôtel pour prendre les ordres de mon intendant, et me céder, pour une heure ou deux, votre place dans votre boutique.

GALLET.
A merveille!.. je comprends, monsieur le duc veut épier de là la conduite de son neveu.
(Il montre en riant la boutique de la boulangère.)

LE DUC.
Vous pourriez avoir deviné juste !.. Vous consentez, n'est-ce pas?

GALLET.
Le profond respect que j'ai pour monsieur le duc...

LE DUC.
C'est bien... Ne revenez pas d'une heure au moins...

GALLET.
Mais je fais observer à monsieur le duc qu'il ne sait pas le prix de mes épices... et qu'alors...

LE DUC, riant.
Si je les vendais ce que me les fait payer mon intendant, vous feriez d'excellentes affaires !.. Dites un mot à votre garçon de boutique, et laissez-nous...

GALLET.
A l'instant même. (A part.) Encore un couplet à ajouter à ma chanson de la *Boulangère*.
(Il va parler à son garçon de boutique, puis il s'éloigne.)

SCÈNE VII.
LE DUC, LE RÉGENT.

LE DUC, au Régent qui s'avance.
Nous voilà maîtres de la place, et Votre Altesse va pouvoir s'assurer par elle-même...

LE RÉGENT.
Que cette boulangère est gentille; c'est mon premier desir en venant ici.

LE DUC.
Gentille comme un ange et méchante comme un démon... c'est l'enfer et le paradis qui se donnent la main... Je vous dis, monseigneur, que c'est une femme très dangereuse.

LE RÉGENT.
A vous entendre, cette petite Catherine tiendrait dans ses fers tous les jeunes chevaliers de ma cour !...

LE DUC.
Mais, c'est à la lettre, monseigneur... croiriez-vous que tous vos plus élégants compagnons de plaisirs et de folies ne dédaignent pas, pour plaire à cette femme, de se transformer en garçons de boutique, en garçons boulangers, et de lui prêter le secours de leurs bras; heureux, selon leurs expressions, de mettre la main à la pâte pour la sémillante boulangère.

LE RÉGENT.
Oh! que je voudrais les voir dans cette noble occupation !

LE DUC.
Comment, monseigneur, vous n'êtes pas furieux?

LE RÉGENT, riant.
C'est que vous me racontez aussi les choses les plus comiques avec un sérieux !...

LE DUC.
Monseigneur, tous les chefs des grandes maisons de Paris réclament par ma voix l'éloignement de cette femme !

LE RÉGENT.
Exiler une jolie femme de Paris, moi qui voudrais y réunir toutes les beautés du royaume !...

LE DUC.
Monseigneur trouve le moyen de rire des sujets les plus graves; la France est pourtant dans une crise si cruelle !...

LE RÉGENT.
Bon! allez-vous me parler des intérêts de l'État dans la boutique d'un épicier, et devant la demeure, selon vous, du plaisir et de la dissipation... ici, le Régent de France n'est que le plus modeste citoyen du royaume qu'il a le malheur de gouverner... Mais qu'entends-je?
(Ritournelle de l'air de la Camargo.)

LE DUC, regardant.
Eh! de par Satan, vous entendez mon neveu et vos jeunes gentilshommes qui sortent du lansquenet, et viennent selon leur usage offrir leurs hommages et leur argent à cette infernale boulangère !..

LE RÉGENT.
De la prudence... cachons-nous.... c'est le moment d'observer !
(Ils entrent dans la boutique de Gallet; ils regardent de temps en temps à la fenêtre qui est vis-à-vis du public.)

SCÈNE VIII.

Les Mêmes, FOLLANGE, D'ÉTIOLES, CHAVIGNY.

CHOEUR.

Air : de la Camargo.

Plus de Camargo !
Un soleil nouveau
Se lève plus beau :
C'est dame Michau.
Ce soleil d'amour,
Digne de la cour,
Brille nuit et jour
A côté d'un four !

FOLLANGE.

Pardieu ! messieurs, je vous dirai avec Molière :
« La place m'est heureuse à vous y rencontrer. »
Tous les matins, on dirait que nous nous sommes donné rendez-vous dans la rue du Four-Saint-Honoré !...

CHAVIGNY.

Que veux-tu, chevalier ! c'est que chacun de nous sait bien qu'il a des rivaux nombreux et redoutables, et craint de leur laisser trop d'avantage en arrivant après eux.

FOLLANGE.

Libre à vous d'avoir de telles pensées ; mais pour moi, du diable si je vous crains !... et si je songe à vous un seul instant, je veux bien être condamné à un tête-à-tête éternel avec mon vieil oncle le duc d'Amboise.

LE DUC, dans la boutique, faisant un geste de colère.

Hein ! que dit-il ?

CHAVIGNY.

Ce vénérable chambellan qui semble porter les clés de la Bastille en sautoir ?

FOLLANGE.

Le mortel le plus respectable, mais le plus ennuyeux que je connaisse.

LE DUC, bas au Régent.

Moi, ennuyeux ! vous le savez, monseigneur, si je suis ennuyeux !

LE RÉGENT.

Contenez-vous, mon cher duc ; vous êtes très amusant, je vous assure.

FOLLANGE.

Croiriez-vous bien, messieurs, que pendant une heure entière il m'a fallu l'entendre hier au soir me reprocher mes étourderies, ma prodigalité, ma passion pour Catherine.

CHAVIGNY, riant.

Il a raison, tu es sérieusement amoureux, toi, de celle que nous désirons tous... oui, ce pauvre Follange n'en dort pas... il en perdra la tête... ah ! ah ! ah !

(Ils rient tous.)

FOLLANGE.

Oh ! riez, mes amis, riez... le chevalier de Follange amoureux... un roué qui soupire... non, vrai, je ne me reconnais plus, je suis ensorcelé ; aux petits soupers du Palais-Royal, je ne suis plus pour notre joyeux seigneur le Régent qu'un mauvais compagnon de débauches ; enfin, je n'ai plus qu'une pensée, une seule... elle ! toujours, toujours elle ! Catherine, la gentille boulangère, que je proclame à elle seule plus séduisante et plus adorable que toutes les duchesses de la cour et toutes les nymphes de l'Opéra.

LE DUC, bas au Régent.

Eh bien ! que vous disais-je, monseigneur ?

LE RÉGENT.

Il est fou.

LE DUC.

Fou à lier.

CHAVIGNY.

Mais il se fait tard, et notre souveraine doit être levée ; hâtons-nous, messieurs, d'aller la saluer de nos hommages et de nos écus... car je veux jeter dans le grand coffre l'argent que j'ai gagné au lansquenet.

D'ÉTIOLES.

Et moi aussi... Entrons ! entrons !

FOLLANGE.

Entrez, si vous voulez : mais je vous avertis que notre souveraine n'est pas là.

D'ÉTIOLES.

Catherine ?

FOLLANGE.

Absente depuis hier.

LE RÉGENT, à part.

Et moi qui espérais la voir !

CHAVIGNY.

Comment ! elle a passé la nuit hors de chez elle ? conte-nous un peu cela, chevalier.

LE RÉGENT et LE DUC.

Écoutons.

FOLLANGE.

La boulangère a fait tout bonnement le voyage de Paris au village de Lieursaint, son pays, pour y faire sa provision de farine.

CHAVIGNY.

Bien trouvé !... Et tu crois cela ?

FOLLANGE.

Je le crois.

CHAVIGNY.

Trêve de railleries, et dépêche-toi de nous mettre au courant de l'aventure. Voyons, quel est l'heureux mortel ?...

FOLLANGE.

L'aventure ! l'heureux mortel ! ah ! vous voilà bien, pervers que vous êtes... toujours prêts à supposer le mal... absolument comme mon vieil oncle...

LE DUC.

Encore !...

FOLLANGE.

Qui ne s'est déclaré ainsi le détracteur im-

pitoyable de cette pauvre Catherine que depuis le jour...
LE DUC.
Allons-nous-en.
(Le Régent le retient par le bras.)
TOUS LES SEIGNEURS.
Eh bien? le jour...
FOLLANGE.
Le jour où je l'ai surprise à ses genoux.
CHAVIGNY.
A ses genoux! Et lui aussi. Ah! ah! ah!
(Ils rient tous.)
LE DUC, de même au Régent.
Allons-nous-en, allons-nous-en.
LE RÉGENT, à part.
Non, je reste.
FOLLANGE.
Oui, à ses genoux... et le vieux drille lui demandait pour lui le bonheur qu'il prétend m'interdire... Ah! ah! ah! et le croirez-vous?.. il ne pouvait plus se relever... à cause de sa goutte... Ah! ah! ah!
(Ils rient tous.)
LE DUC.
Misérable !
LE RÉGENT, riant aussi.
Vous l'entendez, je ne lui fais pas dire...
LE DUC, se retournant avec colère vers son neveu.
Toi aussi tu auras la goutte, sois tranquille...
CHAVIGNY.
Surtout, gardons-nous bien de dire jamais à monseigneur le Régent avec quel enthousiasme la petite parle de lui !...
LE RÉGENT.
En vérité ?
FOLLANGE.
Dites qu'elle en parle avec passion!... j'ai cru d'abord que madame Catherine ne nous tenait rigueur que parcequ'elle était éprise de celui qu'elle appelle le gentil Régent... et qui n'est au fond que le plus mauvais sujet du royaume.
LE RÉGENT.
Ah! je suis d'une colère !...
LE DUC.
Vous l'entendez, je ne lui fais pas dire.
FOLLANGE.
Air de Mazaniello.
Je ris, vraiment, lorsque j'y pense...
Ici brille, soir et matin,
Vertu qui tient de l'innocence...
S'il le savait, il mourrait de chagrin.
LE RÉGENT, bas au duc.
S'il n'était de votre famille,
Ce soir, le chevalier, je croi,
Irait coucher à la Bastille.
LE DUC, bas.
Ah! ne vous gênez pas pour moi.
Il peut coucher à la Bastille,
N'allez pas vous gêner pour moi.
(Rumeur au-dehors.)

CHAVIGNY.
Quel est ce bruit?... c'est une voiture pleine de farine que l'on dirige de ce côté.
FOLLANGE.
Justement, c'est notre piquante boulangère qui arrive de Lieursaint sur son char de triomphe !
CHAVIGNY.
Quel est donc le drille qui lui sert de compagnon de voyage ?...
FOLLANGE.
C'est la première fois que je vois cette figure-là !...
LE RÉGENT, bas au duc.
Enfin ! je vais donc juger par moi-même si cette femme mérite sa brillante renommée !
LE DUC, de même.
C'est une intrigante qui profite de la faiblesse des gens titrés qui viennent manger ses flûtes... je ne donne pas dans cette pâtisserie-là.

SCÈNE IX.

LES MÊMES; CATHERINE et JEAN LE BLANC, montés sur des sacs de farine qui sont sur une charrette dont on n'aperçoit que le haut par-dessus le mur du fond; ensuite PAIN-MOLLET; DES ENFANTS, au-dehors.

CHOEUR DES SEIGNEURS.
AIR : Réveillons (du Domino noir) !
La voilà, la voilà, notre boulangère!
Entourons (bis.) son char triomphal.
A la voir, on dirait une reine altière
Qui rentre à son Palais-Royal.

CATHERINE, du haut de la charrette.
En ces lieux quand je me retrouve
Mon cœur bat de plaisir,
Et mon seul desir,
C'est qu'ici tout le monde éprouve
A m' voir revenir
Le même plaisir.

CHOEUR.
Parmi nous elle est de retour,
Elle est rendue à notre amour !

ENFANTS, au-dehors.
La boulangère a des écus
Qui ne lui coûtent guère !...

JEAN LE BLANC, du haut de la charrette.
Attends, gamin! je vais te faire chanter, moi !

CATHERINE.
Laissez-les chanter, ça leur fait plaisir à ces pauvres enfants et ça ne me fait pas de peine.
(Elle descend de la charrette.)
JEAN LE BLANC.
C'est encore possible... mais cette chanson-là a queuqu'chose qui me taquine, moi... une

boulangère qui a des écus qui ne lui coûtent guères... ça peut se prendre en mauvaise part.

PAIN-MOLLET, *sortant de la boutique et accourant près de Catherine.*

Ah! v'là la bourgeoise!... bonjour, la bourgeoise!

CATHERINE, *entrant en scène.*

Bonjour, mon garçon. Ah! ah! voici mes pratiques les plus fidèles.... Bonjour, M. le marquis. (Le marquis salue.) Votre servante, M. le comte. (Le comte salue à son tour.) Comment se porte le chevalier? Je comptais bien vous trouver tous ici à mon arrivée... et j'ai beaucoup de plaisir à vous voir.

LE RÉGENT.

La voix de cette femme a je ne sais quel charme...

LE DUC, *à part.*

Allons, vous verrez qu'il va s'enflammer comme les autres.

FOLLANGE.

Nous venons comme tous les jours offrir nos hommages empressés à la gentille boulangère de la rue du Four.

(*Tous les seigneurs entourent Catherine, et lui parlent à l'oreille.*)

JEAN LE BLANC, *à part.*

Est-ce que ces messieurs-là viennent chercher leur pain, habillés comme ça?.. on m'avait bien dit que Catherine avait de fameuses pratiques.

CATHERINE.

Pardon, messieurs, les affaires de mon commerce avant les plaisirs; je suis comme la fourmi, moi, je viens de faire mes approvisionnements pour l'hiver qui sera rude pour le pauvre monde... à ce qu'on dit... Cette charrette chargée de farine sera suivie de trois autres... il faut que le grenier de la fourmi soit toujours plein... on ne sait pas ce qui peut arriver...(*Se retournant.*) Jean Le Blanc!

JEAN LE BLANC, *s'approchant.*

Cousine...

CATHERINE.

Chargez-vous de faire remiser tout cela... à présent, ça vous regarde autant que moi!

JEAN LE BLANC.

Oui, cousine, je vas veiller aux grains.

FOLLANGE, *à part, à ses compagnons.*

Que veut-elle dire?...

PAIN-MOLLET, *à part, à Catherine.*

Est-ce que c'est un associé que vous avez pris?

CATHERINE, *bas.*

Oui, comme tu dis.. un associé...

PAIN-MOLLET, *bas.*

Un associé! fameux! ça fera déchanter l'épicier Gallet... Je m'en retourne à mon four.

(Il sort.)

CATHERINE.

A propos, messieurs, vous rappelez-vous l'engagement que vous avez pris hier chez moi?

CHAVIGNY.

Certainement.

FOLLANGE.

Je veux vous montrer tout mon savoir-faire.

CATHERINE.

Ah! vous prétendez après quelques jours d'apprentissage faire pâlir ce soir les mitrons aguerris de la boulangère Catherine... Eh bien, messeigneurs, qui m'aime me suive.

FOLLANGE.

Et nous vous suivons tous.

CATHERINE.

Et qui sait? votre travail ne sera peut-être pas perdu: demain, le peuple peut vous devoir le pain de sa journée... le peuple qui vous nourrit tous les jours, messeigneurs... une fois par hasard les rôles seront renversés.

FOLLANGE.

Elle est charmante!

CHOEUR DES SEIGNEURS.

Air du Fidèle Berger.

Allons, marchons,
Dépêchons,
Travaillons
Et servons
La boulangère!
Tout pour lui plaire!
A sa voix,
A ses lois
Quel plaisir
D'obéir!

CATHERINE.

J'en ai l'espoir,
Dès ce soir,
Je vais voir
Votr' savoir;
Je vous préfère
A mes garçons:
Ducs, barons
Sont fort bons
Pour faire
De beaux mitrons!

REPRISE DU CHOEUR.

Allons, marchons,
Dépêchons, etc.

(*Catherine entre chez elle; tous les jeunes seigneurs la suivent.*)

SCÈNE X.

LE RÉGENT, LE DUC. *Ils sortent de la boutique de Gallet.*

LE DUC.

J'ai été jeune, j'ai été fou, j'ai été même très fou... mais je n'ai jamais pensé à devenir garçon boulanger. Convenez qu'il est impossible de pousser plus loin l'extravagance que vos jeunes seigneurs?

LE RÉGENT.

Mais je n'en conviendrai jamais! (A part.) Je crois que je vais être le moins sage de tous!

LE DUC.

Ainsi, je n'ai pas l'espoir d'obtenir la lettre de cachet qui doit éloigner cette femme de mon neveu!...

LE RÉGENT.

Une lettre de cachet contre une jolie femme!...

LE DUC.

Eh! monseigneur, le mal est plus grand peut-être que vous ne pensez!...

LE RÉGENT.

Taisez-vous donc, vieux libertin!

LE DUC.

Monseigneur aime à rire... Si ma jeunesse a été fougueuse, ma vieillesse est dans un calme plat.

LE RÉGENT.

Allons, suivez-moi, mon cher duc... et vous, chevalier de Follange, je me vengerai de vos railleries... je m'en vengerai en vous soufflant le cœur de Catherine.

LE DUC, à part.

Allons, j'ai fait de la belle besogne en l'amenant ici.

LE RÉGENT.

AIR de Zampa.

Elle est vraiment charmante!
C'est un morceau de roi,
Et sa mine agaçante
M'a rangé sous sa loi.
Ah! pour mon cœur douce espérance!
Je la reverrai,
Je lui plairai;
Contre tous je prends sa défense;
Mais ses jolis yeux
La défendent mieux.

LE DUC.

Monseigneur, le scandale!...

LE RÉGENT.

C'est bien, j'y songerai,...
Exprès pour la morale
Ici je reviendrai.
Ah! pour mon cœur douce espérance!
Je la reverrai, etc.

(Le Régent sort; au moment où le duc se dispose à le suivre, Gallet entre.)

SCÈNE XI.

LE DUC, GALLET.

LE DUC.

Ah! c'est vous, mon cher Gallet, vous arrivez à temps; nous vous rendons votre comptoir...

GALLET.

Merci, monsieur le duc, je vois que la vente n'a pas été ce matin?...

LE DUC, en sortant.

Votre voisine la boulangère vous fait bien du tort, monsieur l'épicier... on préfère ses petits pains à votre cannelle.

(Il sort.)

SCÈNE XII.

GALLET, seul.

Eh bien! j'en étais sûr! et lui aussi en tient pour elle, le vieux duc... le couplet que je viens de faire sur lui ne sera pas le plus mauvais de ma chanson... il faut que je me le chante!

(Il prend ses tablettes, et lit en fredonnant le couplet suivant:)

Certain vieux duc rôde en ce lieu,
Que diable y vient-il faire?...
Cherche-t-il ici son neveu?
Ou cherche-t-il à plaire?
Je les crois tous deux bien reçus
Par notre boulangère...

SCÈNE XIII.

GALLET, CATHERINE.

CATHERINE, sortant de la maison et frappant sur l'épaule de Gallet en finissant l'air:)

Aux écus,
Par notre boulangère!

GALLET.

Madame Catherine! ma chère voisine!..... je suis trop flatté...

CATHERINE.

Voilà donc, mon cher voisin, à quoi vous passez votre temps? à faire des noëls contre moi, et à les chanter la nuit sous mes croisées?

GALLET.

Ah! ah!... on vous a dit notre petite facétie de ce matin! nous sortions du Caveau, j'étais en verve; d'ailleurs, c'est votre faute, vous m'aviez traité avec une rigueur...

CATHERINE.

Oui, je sais que vous aviez la prétention de m'épouser... mais d'abord vous ne me plaisez pas... et puis je suis promise. J'ai voulu vous dire cela en passant afin que vous sachiez à quoi vous en tenir.

GALLET.

Promise? vous!...

CATHERINE.

On est assez gentille pour ça!... depuis un an que j'ai quitté mon village de Lieursaint pour venir habiter la grande ville, je n'ai pas à me plaindre: ma boulangerie est à la mode... partout on en parle, on y vient de tous les quartiers de Paris... c'est peut-être à mes excellents voisins que je le dois, à vous, mon bon monsieur Gallet, qui, jusqu'à ce jour, avez dit beaucoup de bien de la petite boulangère... je

ACTE I, SCÈNE XIII.

vous remercie... jusqu'à la chanson inclusivement!...

GALLET.
Il n'y a pas de quoi!...

CATHERINE.
Vos couplets ont augmenté encore le nombre de mes chalands.

Air du Galop de M. Monfort.

Jusqu'au soir,
Il faut voir
Chez la boulangère,
Contrôleurs,
Grand seigneurs
Et prédicateurs!
C'est vraiment
Surprenant :
Chacun veut me plaire,
Et je compte à Paris
Des milliers d'amis !
Tout le jour
La pratique m'appelle,
Pour me faire la cour
On vient à mon four.
L'argent roule et la flamme étincelle,
Jeun's et vieux
Sous mes yeux
Brûl'nt à petits feux !...

Jusqu'au soir,
Il faut voir, etc.

L'ouvrier
Dont la race est gourmande,
Comme un gros financier
Sait m'apprécier;
Et l' malin
Que mon air affriande,
Le matin
Prend son pain
En m' serrant la main !...

(*Parlant.*) C'est bien, mon garçon, je te comprends, ce n'est pas à moi que l'on répète ces choses-là deux fois... mais, vois-tu, retourne à ton ouvrage, et tâche de te rafraîchir les idées, ce n'est pas pour toi que le four chauffe...

Reprise de l'air.

Jusqu'au soir,
Il faut voir
Chez la boulangère, etc.

GALLET.
La joyeuse vie que vous menez fait jaser bien du monde...

CATHERINE.
Oui, des oisifs comme vous!.. mais avec de la tête, du cœur et de la conscience, monsieur Gallet, on se moque des sots, des méchants et des envieux ! (*A part.*) Attrape !..

GALLET, à part.
C'est bon !.. ça te vaudra un couplet de plus !..

CATHERINE.
Tenez, ce matin même, il y a encore chez moi l'élite de la noblesse de France, des comtes, des marquis, tout ce qu'il y a de mieux à la cour de monseigneur le Régent.

GALLET.
Oui, on sait que c'est là votre société habituelle; mais ces comtes, ces marquis, que viennent-ils donc faire chez vous, ma chère voisine?

CATHERINE.
Ce qu'ils y viennent faire, mon cher voisin ? lisez mon enseigne : *A la renommée des petits pains au lait !* Ils viennent en manger et voilà tout!

GALLET.
Ah! voilà tout !

CATHERINE.
Absolument.

GALLET.
Ce n'est pas ce qu'on dit dans le quartier, ma belle voisine.

CATHERINE.
Je me moque de ce qu'on dit, mon beau voisin... je vais droit à mon but, et j'y arriverai.

GALLET.
Votre but ?

CATHERINE.
Oui... c'est un secret que je prétends cacher à tout le monde.

GALLET.
A tout le monde... même au prétendu à qui vous êtes promise...

CATHERINE.
Oh! lui, c'est différent, il ne me fera pas de questions, il me connaît, il a confiance en moi.

GALLET.
Et vous croyez qu'il ne vous demandera aucune explication ?

CATHERINE.
Sur quoi ?

GALLET.
Sur ce qu'il y a de mystérieux dans votre conduite, votre fortune... car la boulangère a des écus...

CATHERINE, *l'arrêtant.*
Oui, elle en a, la boulangère!.. je m'en vante !... Mais, dites-moi donc, vous avez mauvaise grace à me parler de ma fortune, vous qui avez tant de moyens de faire la vôtre, car enfin, vous mangez à deux râteliers !..

GALLET.
Comment !.. comment !..

CATHERINE.
Air de le Somnambule.
Votre audace n'est pas commune,
Vous faites un double métier!
Pour arriver plutôt à la fortune
Vous êtes auteur, épicier !...

Je vous le dis sans amertume,
Si l'auteur de méchants couplets
Ne peut pas les vendre en volume,
L'épicier les vend en cornets!
Oui, l'épicier doit les vendre en cornets!...
GALLET, outré.
En cornets!..
CATHERINE.
Maintenant vous pouvez partir... Au revoir, mon beau voisin!.. sans rancune!
GALLET.
Oui, sans rancune... En cornets! (A part en rentrant dans sa boutique.) Oh! je veux que ma chanson de la *Boulangère* ait un couplet pour chaque jour de l'année... trois cent soixante-cinq couplets.

(Il disparaît.)

SCÈNE XIV.
CATHERINE; UN LAQUAIS en livrée.

CATHERINE, seule d'abord.
Ah! ah! ah! il s'en va furieux, l'épicier.
UN LAQUAIS, entrant.
Madame... pourriez-vous m'enseigner la demeure de la veuve Catherine, la boulangère?
CATHERINE.
Vous êtes devant sa porte... Mais qu'est-ce que vous lui voulez, à la boulangère?.. (Seule.) Eh bien! il s'en va sans me répondre... Tiens! à qui parle-t-il là-bas? Ces deux grandes dames!.. je crois que je les reconnais... oui, dernièrement, je les ai vu passer dans leur carrosse, et j'ai appris de ces messieurs leurs noms et leurs titres... Mais est-ce bien ici qu'elles viennent?.. ce serait drôle!.. Enfin, n'importe... on verra si on peut les recevoir; je ne suis pas fière, moi... et elles trouveront à qui parler.

SCÈNE XV.
LA MARQUISE D'ÉTIOLES, LA COMTESSE DE CHAVIGNY, LE LAQUAIS.

LA COMTESSE.
Eh bien! Germain...
LE LAQUAIS.
C'est ici, madame la comtesse.
LA COMTESSE.
C'est bon!.. retirez-vous!
(Le laquais sort.)
LA MARQUISE.
Voilà donc la demeure de cette dame Catherine qui se permet d'attirer chez elle la ville et la cour, et qui se vante d'être préférée aux dames titrées!..
LA COMTESSE.
Elle est, dit-on, d'une impudence... ce qu'on m'en rapportait encore hier est vraiment intolérable!..
LA MARQUISE.
Ne dit-on pas qu'elle a plus de grace, plus d'esprit que nous, ma chère comtesse.
LA COMTESSE.
Moi, quand on m'en parle, cela me donne sur les nerfs, j'éprouve des inquiétudes, des palpitations.
LA MARQUISE.
Il n'y aura bientôt plus aucun respect pour la naissance, pour la qualité!..
LA COMTESSE.
Si la veuve d'un artisan sait aussi bien plaire que nous, je ne sais plus ce que l'État va devenir... où tout cela doit-il nous mener?.. Ne m'a-t-on pas dit que le chevalier de Follange, votre adorateur en titre, était aujourd'hui l'un des courtisans les plus assidus de cette créature!
LA MARQUISE.
On me l'a dit aussi... et je viens m'en assurer; je présume que le même espoir vous conduit ici, car j'ai appris que votre cousin chéri, le comte de Villeroi, ne mettait plus les pieds dans votre hôtel, mais qu'on le voyait sans cesse chez cette dame Catherine.
LA COMTESSE.
Oui, c'est un point que je veux éclaircir... Profitons du moment où nos maris sont de service au Palais-Royal, pour pénétrer dans cette maison.
LA MARQUISE.
Ce ne sont pas nos époux qui s'abaisseraient à venir chez une boulangère!
LA COMTESSE.
Sur ce point, je répondrais bien de M. le comte de Chavigny. Nous voici arrivées comme deux simples bourgeoises, sans nos carrosses, sans nos grandes livrées... nous avons le prétexte de ces petits gâteaux que la gourmandise de nos abbés a rendus si célèbres dans Paris... Hâtons-nous de satisfaire notre curiosité!..

(Elles vont pour entrer chez la boulangère.— Pain-Mollet se montre sur la porte de la boutique; il tient deux corbeilles.)

SCÈNE XVI.
LES MÊMES, PAIN-MOLLET.

PAIN-MOLLET, entrant.
Pardon, mesdames; si vous vouliez attendre un peu avant d'entrer...
LA MARQUISE.
Pourquoi cela, manant?
PAIN-MOLLET.
Ah! c'est que nos garçons de pétrin sont occupés dans la boutique à ranger les pains... et les dames peuvent s'effaroucher en voyant leur négligé cocasse...

LA COMTESSE.
Comment sont-ils donc vêtus?
PAIN-MOLLET.
Dam! chez les boulangers une mise décente n'est pas de rigueur... et si vous voulez que je vous le dise... dans ce moment ils ont les bras nus... et les hanches pareilles!
LA MARQUISE et LA COMTESSE, *plaçant leurs éventails devant leurs yeux.*
Ah! fi donc!
PAIN-MOLLET.
Fi donc! j'en étais sûr... Mais qu'est-ce qu'il vous faut?... des petits pains à la duchesse?... voilà, voilà... ou des flûtes à la marquise?... voilà, voilà... vous pouvez choisir, il y a de tout dans cette corbeille.
LA MARQUISE.
Voyons vos flûtes à la marquise.
PAIN-MOLLET.
Voilà, voilà... c'est un manger bien délicat. Nous avons encore les petits pains à la régence, où il n'entre que du beurre, à peine s'il y a de la pâte.
LA MARQUISE.
Voici de l'or... maintenant, dis à ta maîtresse que nous voulons lui parler.
PAIN-MOLLET, *à part.*
Un louis d'or! à l'*affigie* du grand roi, pour des flûtes que je vends six blancs. (*Haut.*) Mesdames, je vais prévenir la bourgeoise... Ah! la voici... elle va vous rendre la monnaie de votre pièce.
(*Pain-Mollet sort.*)

SCÈNE XVII.
LA MARQUISE, LA COMTESSE, CATHERINE.

CATHERINE.
Me voici, mesdames: que puis-je faire pour votre service?
LA COMTESSE, *à part.*
Quoi! c'est là cette femme dont on parle tant!
LA MARQUISE, *de même.*
Elle n'est pas mal pour une boulangère.
LA COMTESSE.
Vous trouvez?
CATHERINE.
Il paraît que ces dames ne m'ont jamais vue, car elles me regardent...
LA MARQUISE.
Comme une merveille, madame!
LA COMTESSE.
Comme un prodige, madame!
CATHERINE.
Je puis bien être tout cela: une merveille, un prodige! car, mesdames, si vous voulez bien le permettre, je serai tout ce que vous voudrez.

LA MARQUISE.
C'est qu'on dit tant de choses sur votre compte dans Paris, madame.
CATHERINE.
En vérité!... oh! ne craignez pas de me mettre au fait... je suis bonne fille, ou plutôt bonne veuve, et Catherine la boulangère n'a pas, Dieu merci, la réputation d'être bégueule... Voyons, mesdames, qu'est-ce que l'on dit sur mon compte?
LA COMTESSE.
On dit d'abord que vous ne recevez chez vous aucune personne titrée sans qu'elle ait laissé, selon sa condition, une pièce d'or ou d'argent dans un coffre-fort placé à l'entrée de votre demeure...
CATHERINE.
Après?...
LA MARQUISE.
On dit, et le reproche devient grave, que vous avez ruiné plusieurs fils de famille, les d'Horsonville, les d'Harcourt, les Duvillars...
CATHERINE.
Après?...
LA MARQUISE.
Plaît-il?
CATHERINE.
Après?...
LA COMTESSE.
On dit dans les salons de Paris que c'est en ce moment le tour du chevalier de Follange...
CATHERINE.
Après?...
LA COMTESSE.
Après!... ne trouvez-vous pas que c'est assez?
CATHERINE.
Non... car on pourrait encore dire dans les salons de Paris que je suis orgueilleuse comme une comtesse et médisante comme une marquise.
(*Elle les regarde toutes les deux.*)
LA MARQUISE et LA COMTESSE.
Insolente!
CATHERINE.
Ah! mesdames, mesdames, prenez-y garde; je suis presqu'une fille de la Halle, moi, et je serais plus forte que vous à ce jeu-là: car d'abord j'ai l'avantage du terroir et du langage, et puis... (*avec fierté.*) je sais qui vous êtes, et vous ne savez pas qui je suis.
LA MARQUISE.
En vérité, comtesse, nous étions bien maussades de croire que MM. de Follange et Villeroi pouvaient venir se compromettre avec une pareille femme.
CATHERINE.
Une pareille femme!... oh! mesdames, le mot est dur dans votre pensée... mais il ne me blessera pas; car je n'ai point ma pareille parmi vous, et Catherine ne voudrait pas changer son

nom pour celui de marquise d'Étioles ou de comtesse de Chavigny.

LA MARQUISE.
Elle sait mon nom !

LA COMTESSE.
Et le mien !

CATHERINE.
Je sais même ce qui vous amène auprès de moi ; car, telle que vous me voyez, dans mon quartier je passe pour deviner juste.

LA COMTESSE.
Vous n'avez pas le mérite de vous faire comprendre.

CATHERINE.
Attendez... ça va venir, car j'aime à tout dire en face quand on cherche à m'humilier !

LA MARQUISE.
Que prétendez-vous me dire ?

CATHERINE.
AIR : Vous verrez ma tournure.

Oui, la p'tit' boulangère
A le don d'être sorcière ;
Pour moi, quand il me plaît,
Les cœurs n'ont pas de secret.
(A la comtesse.)
Villeroi sait vous plaire,
J'en suis fort aise entre nous ;
Mais à la boulangère
Il vient faire les yeux doux !

LA COMTESSE, parlant.
Villeroi !

CATHERINE.
Oui, les yeux doux,
Oui, les yeux doux !..
La petit' boulangère
A le don d'être sorcière ;
Pour moi, quand il me plaît,
Le cœurs n'ont pas de secret.
Quant à vous, madame la comtesse...
Même air.
Le chevalier d'Follange,
Qui vous donn' des rendez-vous,
En m'appelant son ange
S'met souvent à mes genoux !

LA MARQUISE, parlant.
J'étouffe de colère !

CATHERINE, reprenant l'air.
A mes genoux,
A mes genoux !...
La petit' boulangère
A le don d'être sorcière ;
Pour moi, quand il me plaît,
Les cœurs n'ont pas de secret.

LA COMTESSE.
Mais c'est une indignité !

CATHERINE.
Oh ! vous n'êtes pas encore au bout...

LA MARQUISE et LA COMTESSE.
Madame !...

CATHERINE.
Même air.
C'est l'objet d' votre flamme
Que vous cherchez, entre nous...
Moi, je suis bonne femme
Et je vous rends vos deux époux.

LA COMTESSE et LA MARQUISE, parlant.
Nos époux !

CATHERINE.
Oui, vos époux,
Oui, vos époux.
(L'orchestre exécute la fin de l'air en sourdine pendant les phrases suivantes.)

Venez, venez, monsieur le marquis d'Étioles, et vous, monsieur le comte de Chavigny.

SCÈNE XVIII.

LES MÊMES, D'ÉTIOLES, CHAVIGNY, puis FOLLANGE.

CHAVIGNY, entrant.
A vos ordres, ma belle Catherine. Ciel ! ma femme !
(Ce dernier mot est répété par l'autre seigneur.)

LA MARQUISE et LA COMTESSE.
Mon mari !

MORCEAU D'ENSEMBLE.
AIR : Éloignez-vous de ma présence (deuxième acte de SUZANNE, du Palais-Royal).

LA MARQUISE et LA COMTESSE.
Ah ! c'est affreux ! quelle arrogance !
Ce soir le Régent le saura :
Et d'elle, j'en ai l'assurance,
Son Altesse nous vengera.

CATHERINE.
Je me venge quand on m'offense,
Ce soir le Régent le saura,
J'y consens, mais j'ai l'espérance
Que le premier il en rira.

LES SEIGNEURS.
Ah ! pour ces dames quelle offense !
Ce soir le Régent le saura,
J'en ai peur, mais j'ai l'espérance
Que le premier il en rira.

CHAVIGNY, à part.
Grand Dieu ! ma femme !
(Haut.)
Parlez, que cherchiez-vous ici ?

CATHERINE.
Eh mais, madame
Ne cherchait rien que son mari.
(A la comtesse et à la marquise.)
Vos épigrammes
Étaient sanglantes, mais je croi
Qu'enfin, mesdames,
Vous n' vous attaqu'rez plus à moi.

LA COMTESSE et LA MARQUISE.
C'en est trop, taisez-vous !

ACTE I, SCÈNE XVIII.

CATHERINE.
Reprenez vos époux,
Je suis quitte avec vous!
(*Parlant.*) Adieu, mesdames; voulez-vous que je fasse avancer vos voitures?

REPRISE DE L'ENSEMBLE.

(A la fin du morceau, les deux femmes sortent à la gauche du public; les deux maris vont les suivre, l'entrée du sergent du guet les arrête.)

SCÈNE XIX.

Les Mêmes, FOLLANGE, D'ETIOLES, CHAVIGNY, un Sergent du Guet, CATHERINE, PAIN-MOLLET.

LE SERGENT.
Une ordonnance du grand Prévôt du Palais-Royal... M. le comte de Chavigny!
(*Il lui remet une lettre.*)

FOLLANGE.
Que veut-il donc, M. le prévôt?

CHAVIGNY, lisant.
« A M. le comte de Chavigny...
« Par ordre du Régent, et vu les troubles
« qui se sont manifestés sur plusieurs points de
« Paris, vous voudrez bien vous rendre sur
« l'heure au Palais-Royal dont les portes vont
« être fermées. »

TOUS.
Qu'est-ce que tout cela veut dire?...

CHAVIGNY.
Que se passe-t-il donc?

PAIN-MOLLET, bas.
On dit que le peuple des faubourgs assiège l'hôtel du contrôleur-général.

CATHERINE, tristement.
Ah!... cela devait finir comme ça!...

PAIN-MOLLET.
On dit encore...

CATHERINE.
Tais-toi, ce n'est pas le moment...

PAIN-MOLLET.
C'est égal, si on peut pendre le contrôleur-général, ce sera pain béni!

FOLLANGE.
Messieurs, cela devient sérieux... rendons-nous au Palais-Royal.

TOUS, avec force.
Au Palais-Royal!

CHOEUR.

Air de la Suisse à Trianon.

Quand on menace la Régence,
Amis, le péril est urgent!
C'est aussi menacer la France...
Courons, courons près du Régent!
(*Ils sortent tous précipitamment.*)

SCÈNE XX.

CATHERINE, JEAN LE BLANC, PAIN-MOLLET, Garçons-Boulangers.

CATHERINE.
Oui, cela devient sérieux... (*Appelant.*) Allons, Claude, Michel, André, Jean-Pierre, Pain-Mollet... arrivez tous.

PAIN-MOLLET.
Voilà, voilà!

LES SIX GARÇONS, en costume de travail.
Nous v'là, notr' bourgeoise!

JEAN LE BLANC, entrant.
Comme vous v' là émue... vous qui êtes toujours si riante... qu'est-ce qu'il y a donc, Catherine?
(*On entend un grand bruit au dehors.*)

CATHERINE.
Il y a... il y a, mon garçon... vous allez le savoir... (*Aux garçons.*) Mes enfants, voilà le moment de vous distinguer; montrez-vous les dignes garçons de la boulangère aux écus, comme ils disent tous... tenez-vous prêts à répondre aux familles malheureuses qui vous demanderaient du pain, car tout me dit que vous allez avoir de la besogne... si elles se présentent sans argent, donnez, donnez toujours... il faut que tout le monde vive...

JEAN LE BLANC.
C'est ça... et que toutes les miches pèsent un quart de plus...

CATHERINE.
Oui, mon garçon, et nous rattraperons sur les grands seigneurs la bonne mesure que nous ferons aux pauvres diables.

PAIN-MOLLET.
Bien tapé, la bourgeoise!

CATHERINE.
Air : J'en guette un petit de mon âge.

Pour que l'on parle un jour de Catherine,
A l'indigent je vais tendre la main;
Tant que j'aurai chez moi de la farine,
Le pauvre est sûr de n' pas manquer de pain.
Que chacun d'vous se montre alerte...
Au malheureux qui se croit opprimé
Si du Régent le palais est fermé,
Je veux qu' ma boutique reste ouverte. (*bis.*)

CHOEUR.

Air : Pantalon (des Huguenots).

Allons, il faut nous mettre à l'ouvrage,
C'est le moment d' montrer tout notr' courage.
Allons, il faut nous mettre à l'ouvrage...
Vous obéir
Est notr' plus grand plaisir.

(*Le bruit devient plus fort. Catherine et tous les garçons remontent la scène et regardent du même côté avec crainte. — Le rideau baisse.*)

ACTE SECOND.

Le théâtre représente le fameux boudoir du Palais-Royal que l'on appelait le *Salon des Portraits vivants*. Huit grands portraits en pied le décorent: quatre de face, et deux de chaque côté, en biais, à droite et à gauche.

SCÈNE I.

LE RÉGENT, FOLLANGE, CHAVIGNY, et LES AUTRES SEIGNEURS du premier acte.

(Au lever du rideau, le Régent est assis, et les jeunes seigneurs sont diversement groupés autour de lui.)

LE RÉGENT.

Vive Dieu! mes gentilshommes, il faut aujourd'hui que nous fassions trêve à toutes nos folies... car le peuple souffre, et nous le savons tous.

FOLLANGE.

Si le peuple souffre, à qui la faute?

TOUS.

A qui?

FOLLANGE.

A Son Altesse Royale le Régent de France!

LE RÉGENT.

Capitaine!...

FOLLANGE.

De grace, laissez-moi finir, monseigneur... à Son Altesse, qui n'a pas eu l'idée de faire pendre Law, au lieu d'en faire son contrôleur-général des finances.

LE RÉGENT.

Messieurs, messieurs... le système de Law n'a que le tort d'être venu cent ans trop tôt... notre siècle n'est pas le siècle d'argent.

FOLLANGE.

Je le crois bien... c'est le siècle du papier...

LE RÉGENT.

Ou plutôt le siècle du plaisir... oui, messieurs, le plaisir, voilà notre seul dieu! c'est parceque nous lui avons trop sacrifié peut-être, que des malheureux se plaignent autour de nous, et que nos soirées du palais de la Régence doivent avoir un triste retentissement dans l'avenir.

SCÈNE II.

LES MÊMES, UN PAGE.

LE PAGE.

Monseigneur... de la part de Son Éminence.

(Il remet une lettre au Régent.)

LE RÉGENT.

Dubois!... et que me veut-il?... (Après avoir parcouru le papier, il se lève vivement, et dit à part.) Voilà qui est étrange! je refuse, je dois refuser... pourtant... (Haut, au page.) Allez, qu'il en soit fait suivant les desirs de Son Éminence... (Se retournant vers les seigneurs.) Pardieu! messieurs, de son lit de douleur où il est enchaîné par la fièvre, vous ne devineriez jamais à quoi songe le cardinal... il me presse... il me supplie...

TOUS.

Eh bien?

LE RÉGENT.

Eh bien!... mais ... d'abord, j'ai une question à vous faire, et vous me répondrez avec franchise : Où en êtes-vous, messieurs, avec la boulangère de la rue du Four-Saint-Honoré?...

FOLLANGE.

Mais, monseigneur... nous en sommes à rien...

CHAVIGNY.

Absolument à rien.

LE RÉGENT.

En vérité?

FOLLANGE.

Sur l'honneur.

LE RÉGENT.

Comment! elle vous a résisté?

FOLLANGE.

Non seulement à nous, mais à tous ceux qui ont eu le bonheur d'être admis chez elle; et j'accuserais hautement de mensonge et de félonie celui qui se vanterait d'avoir obtenu d'elle la plus légère faveur.

LE RÉGENT.

Ainsi, elle s'est moquée de vous?

CHAVIGNY.

De nous tous, sans exception.

LE RÉGENT.

Et de toi plus que de tous les autres, chevalier de Follange : car pour la première fois de ta vie tu étais amoureux.

FOLLANGE.

Dites que je le suis encore, monseigneur. Dites que, sans avoir rien obtenu de Catherine, je me tiens heureux de la connaître, de la voir chaque jour, et que si ma passion est une folie... eh bien! je trouve du plaisir à ne pas recouvrer la raison.

LE RÉGENT.

Vive Dieu! mon capitaine, comme vous prenez feu! votre oncle aurait-il deviné juste, bel Amadis? et songeriez-vous à faire monter au rang de nos beautés à blason la veuve d'un obscur meunier?

FOLLANGE.

Eh! quand cela serait, monseigneur?

LE RÉGENT.

Quand cela serait... oh! décidément, messieurs, le capitaine est malade, et j'ai pitié de lui...

FOLLANGE.

Monseigneur...

LE RÉGENT.

Voyez-vous les armoiries de la noble maison d'Amboise confondues avec celles de madame Catherine, c'est-à-dire deux pelles en sautoir sur un champ de farine! ah! ah! ah! chevalier, je vous aime trop pour ne pas vouloir à tout prix vous guérir de votre folie.

FOLLANGE.

Me guérir; et comment?

LE RÉGENT.

Comment? c'est tout simple...

AIR : Que la folie à table m'accompagne.

Je vois combien votre tête est légère ;
Vous n'avez plus qu'un desir dans le cœur,
C'est d'épouser la belle boulangère...
Mais je ne puis tolérer cette erreur.
Oui, chevalier, modèle de constance,
Vous qu'on verrait divaguer sans effroi,
Pour empêcher cette mésalliance
Je prends d'abord votre belle pour moi.

FOLLANGE, riant.

Pour vous? ah! ah! ah! vous ne prenez rien du tout, monseigneur.

LE RÉGENT.

Je vous dis, monsieur, que je triompherai, moi, de cette vertu farouche que vous n'avez pu vaincre... et je le ferai sur mon aîné, ne fût-ce que pour vous donner une leçon et vous détacher des fers de cette nouvelle Armide.

FOLLANGE.

Je défie Votre Altesse, et j'offre de parier toute ma fortune.

LE RÉGENT.

C'est-à-dire toute celle de votre oncle.

FOLLANGE.

Enfin, je gage... combien voulez-vous que je gage avec Votre Altesse qu'elle ne réussira pas plus que nous.

LE RÉGENT.

Vous êtes d'une témérité...

FOLLANGE.

Mille louis?

LE RÉGENT.

Prenez garde que je ne vous prenne au mot.

FOLLANGE.

Deux mille?

LE RÉGENT.

Mais, si je vous disais, tête éventée que vous êtes, que le premier essai de mon triomphe est déja fait, que la lettre du cardinal Dubois n'a pas d'autre motif, qu'il s'est fait auprès de moi le protecteur de madame Catherine, qu'elle demande avec instances à voir le Régent, à lui parler ce soir, ce soir même... et qu'enfin, avant une heure, elle sera ici... dans ce boudoir...

TOUS.

Dans ce boudoir!

FOLLANGE.

Catherine! est-il possible?

LE RÉGENT.

Foi de gentilhomme!

FOLLANGE.

Eh bien, eh bien, n'importe; je tiens encore ma gageure: deux mille louis... et non pas, comme vous le disiez tout-à-l'heure, sur les biens de mon oncle; mais c'est à-peu-près là ce qui me reste de l'héritage de ma mère... et je l'aurais encore tout entier que je n'hésiterais pas davantage, tant je suis sûr de remporter la victoire.

LE RÉGENT.

Et moi, monsieur, quelque desir que j'aie de vous punir de votre présomption, je ne puis cependant... non, je ne puis en conscience...

FOLLANGE.

C'est vous qui reculez, monseigneur. Eh bien! écoutez-moi... le peuple souffre, disiez-vous, tout-à-l'heure.

AIR : Allez dire à Son Excellence (MAISON DU FAUBOURG.)

A mon tour, foi de gentilhomme,
Et ce mot vous décidera,
Si je vous gagne... à l'instant cette somme
Aux malheureux de ma main passera,
Au peuple seul elle profitera.

LE RÉGENT.

J'accepte alors... Souvent, de nos orgies
Le peuple, hélas! a souffert, j'en conviens :
Une fois, au moins, nos folies
Auront produit un peu de bien.

FOLLANGE.

Ainsi, la partie est engagée.

LE RÉGENT, montrant les seigneurs.

Et nos arbitres, les voilà; nous y joindrons, si vous voulez, votre oncle le duc d'Amboise.

FOLLANGE.

J'y consens.

CHAVIGNY.

Mon jugement est porté d'avance, monseigneur.

FOLLANGE.

Vous le rétracterez.

LE RÉGENT.

C'est ici le fameux boudoir des portraits vivants... (il montre les tableaux.) aucun de vous, messieurs, n'est encore initié à ces mystères; mais allez de ma part rendre visite à ce pauvre Dubois qui en est l'inventeur; il vous expliquera tout : vous saurez de lui, comment vous pouvez être tout-à-la-fois nos témoins et nos juges.

CHOEUR.

AIR : J'aime le tapage (Loïsa Puget).

Oui, nous reviendrons, nous reviendrons pour la
En ces lieux, monseigneur, [surprendre.
Il faut nous attendre.

Oui, nous reviendrons, nous reviendrons pour la
Quel bonheur ! [surprendre.
Ah ! déjà j'en ris de bon cœur.

LE RÉGENT.

Chevalier, il faut bien vous confondre ;
C'est pour vous que j'en agis ainsi...
Autrement je ne puis vous répondre:
Dans l'instant vous la verrez ici.
Pour décider la gageure
Un aveu vous suffira ;
J'aurais bien plus, je le jure ;
Mais pour vous c'est assez de cela.

REPRISE DU CHŒUR.

Oui, nous reviendrons, etc.

(Ils sortent par la gauche ; le Régent seul reste en scène.)

SCÈNE III.

LE RÉGENT, seul, puis un instant après
LE DUC D'AMBOISE.

LE RÉGENT.

Par Notre-Dame de Paris ! il faut que je triomphe. Prince ou libertin, il y va de mon honneur.

LE DUC, entrant.

Ah ! monseigneur !

LE RÉGENT.

Qu'est-ce donc, mon cher d'Amboise? vous voilà tout bouleversé... j'ai pourtant une heureuse nouvelle à vous apprendre : votre neveu va vous être rendu... je crois que j'ai trouvé le moyen de le guérir de sa passion ridicule...

LE DUC.

Eh ! monseigneur ! le malheur qui me menace est grand sans doute... mais celui qui vous frappe est cent fois plus grand encore : la garnison de Paris n'a pas été payée depuis deux mois...

LE RÉGENT.

Et pour quel motif, je vous prie ?

LE DUC.

Le motif est bien simple, monseigneur. Il n'y a point d'argent dans le trésor.

LE RÉGENT.

Mais prenez tout celui que renferme mon épargne...

LE DUC.

Monseigneur... dans votre épargne, il n'y a plus rien.

LE RÉGENT.

Mais vendez mes tableaux, mes terres, mes apanages... il faut avant tout que le soldat soit payé.

LE DUC.

Avant que vos domaines soient engagés ou vendus, l'argent rentrera dans les coffres de l'État... car la France a des ressources inépuisables... mais c'est aujourd'hui, à l'instant même... qu'il faut solder la garnison de Paris... ou les officiers ne répondent pas des malheurs qui peuvent arriver..... le paiement arriéré s'élève à quatre cent mille livres tournois.

LE RÉGENT.

Quatre cent mille livres... mais c'est une misère... Venez mon cher d'Amboise !... venez. J'ai des amis, je vais faire un appel à leur générosité... ils aiment leur pays... et je réponds d'eux comme de moi-même.

LE DUC, à part.

Et moi je ne réponds de personne... pas même de moi.

(Il marche vers la gauche.—Entre un page, au fond.)

SCÈNE IV.

LES MÊMES, UN PAGE.

LE PAGE.

Monseigneur, madame Catherine.

LE RÉGENT.

En ce moment ! jamais on n'arriva si mal à-propos.

LE DUC.

La boulangère ! encore cette femme ! et pour qui donc vient-elle ici, monseigneur ?

LE RÉGENT, au page.

Conduisez-la dans ce boudoir, et dites-lui de m'attendre ; je reviendrai si je puis, si les circonstances... enfin qu'elle m'attende... Venez, venez, d'Amboise.

(Il sort par la gauche, le page fait un signe du côté de la porte du fond, et Catherine entre regardant autour d'elle avec un mélange de crainte et de curiosité.)

SCÈNE V.

CATHERINE, puis JEAN LE BLANC.

CATHERINE.

C'est drôle... j'ai bien désiré voir ces brillants salons... et maintenant que j'y suis... je crois presque que j'ai peur !... allons, Catherine, du courage !... Entre donc, Jean Le Blanc, entre donc... (Au page.) N'est-ce pas, monsieur, que Jean Le Blanc peut entrer ?

LE PAGE.

Mais, je ne sais...

CATHERINE.

Oh !... rien qu'un instant... en attendant monseigneur... je le renverrai dès que Son Altesse paraîtra, soyez tranquille... Allons approche...

(Le page sort. Jean Le Blanc entre en tremblant et ne sachant de quel côté se retourner.)

Air nouveau de M. Masset.

Allons, avance, avance !
De quoi donc as-tu peur ?

JEAN LE BLANC.

De rien... j'ai confiance.

CATHERINE.

Je vais voir monseigneur !

ACTE II, SCÈNE V.

JEAN LE BLANC.

Ça vous rend bien heureuse !

CATHERINE.

Oh ! oui, beaucoup... et toi ?

JEAN LE BLANC.

Si vous êtes joyeuse,
Ça doit m' suffire à moi.

CATHERINE.

A me voir ici, je le gage,
Ami, tu trouves du plaisir ?

JEAN LE BLANC.

Oui, mais j'en trouv'rais davantage,
Cath'rine, à vous en voir sortir.

ENSEMBLE.

JEAN LE BLANC.

J'ai confiance,
J' prends patience,
Car j' dois, je pense,
Suivre sa loi.
Mais êtr' tranquille,
C'est difficile ;
Quoique docile,
Je meurs d'effroi.

CATHERINE.

Va, confiance,
Prends patience,
Tu dois, je pense,
Suivre ma loi.
Sois bien tranquille
Et bien docile :
Ça t'est facile,
Compte sur moi.

JEAN LE BLANC.

Songez-y donc, Catherine, nous v'là au palais de la Régence, et dans ce boudoir... j'en ai entendu parler de ce boudoir-là... il parait qu'il s'y passe des choses... ah ! je ne veux pas dire devant vous, Catherine, les choses qui s'y passent.

CATHERINE.

Comment, tu n'es pas encore rassuré ! Donne-moi ta main, Jean Le Blanc... elle tremble toujours.

JEAN LE BLANC.

Bédame ! m'est avis, Catherine, que la vôtre...

CATHERINE.

Tremble aussi un peu, c'est vrai... je fais la fière, et j'ai peut-être plus peur que toi ; au fait, on se dit à l'avance qu'on aura beaucoup de courage, beaucoup de fermeté, et puis... quand le moment est venu, quand on est là, on a beau avoir l'esprit fort...

JEAN LE BLANC.

N'est-ce pas ? Jugez donc quand on n'a pas l'esprit fort !

CATHERINE.

Enfin, qu'est-ce qui t'effraie, toi ? ce n'est pas toi qui vas te trouver en tête-à-tête avec Son Altesse.

JEAN LE BLANC.

Non, ce n'est pas moi... c'est vous qui va se trouver en tête-à-tête avec... v'là justement ce qui m'effraie.

CATHERINE.

Pourquoi ?

JEAN LE BLANC.

Pourquoi ? je ne sais pas... mais ça m'effraie... on n'est pas maitre de ça... et depuis qu'il est question de l'audience que vous avez demandée à monseigneur, je suis dans des transes...

CATHERINE.

C'est vrai, au fait... je ne l'avais pas remarqué : tu es pâle, Jean Le Blanc.

JEAN LE BLANC.

Vrai ? je suis pâle ?

CATHERINE.

Tu as l'air de souffrir.

JEAN LE BLANC.

Ah ! bah ! c't idée... pourquoi donc ça que je souffrirais ?

CATHERINE.

Et dans ce moment, tu retiens de gros soupirs tout prêts à t'échapper.

JEAN LE BLANC.

Allons, bon ! v'là qu' je retiens des gros soupirs, à présent !

CATHERINE.

Tu cherches à me cacher quelque chose ; tu as des secrets pour moi, tu te défies.

JEAN LE BLANC.

Des secrets ! je me défie !

CATHERINE.

Ca n'est pas bien, Jean Le Blanc, et si tu veux que je te pardonne, il faut me parler à l'instant à cœur ouvert et la main sur ta conscience... voyons, dépêche-toi... monseigneur peut rentrer d'un moment à l'autre... qu'as-tu à me dire ? parle, je le veux.

JEAN LE BLANC.

Eh bien, ce que j'ai à vous dire, Catherine, le voilà. J'ai à vous dire que nous sommes cousin et cousine, que nous avons été élevés ensemble à Lieursaint, que vous m'avez connu pas plus haut que ça, et que j' vous ai vue pas même aussi grande que vous êtes maintenant.

CATHERINE.

Ensuite ?

JEAN LE BLANC.

Ensuite... dans c' temps-là... nous commencions déja à nous aimer... et même, des fois, on avait peur que nous ne finissions par nous aimer trop... vu que nous avions perdu l'habitude de nous appeler cousin et cousine.

CATHERINE.

C'est vrai, tu m'appelais *Ma petite femme*.

JEAN LE BLANC.

Et vous, Catherine, vous... tu m'appelais mon gros mari... j'étais très joufflu dans ce temps-là... vous rappelez-vous ?

CATHERINE.

Certainement.

JEAN LE BLANC.

Mais depuis... j'ai perdu mon embonpoint, parceque... j'ai eu des peines de cœur.

CATHERINE.

Ça reviendra. Continue.

JEAN LE BLANC.

M'y v'là... Un beau jour votre père m'a défendu de vous appeler *Ma petite femme*, vu que vous alliez être la femme d'un autre; et moi, je suis resté garçon de moulin, pendant que l'autre était meunier; je séchais, je dépérissais à vue d'œil, et pourtant je vous ai servis fidèlement vous et votre mari, sans me plaindre et sans parler jamais de mon amour, pendant quatre années de suite, jusqu'au jour où grace au ciel vous avez eu le malheur de le perdre.

CATHERINE.

C'est vrai ; tu es un honnête homme, Jean Le Blanc.

JEAN LE BLANC.

Et vous une honnête femme... vous qu'on appelait la perle de Lieursaint... et qu'aviez là-bas des adorateurs... ah ! dam', fallait voir... un régiment, comme à Paris... vous qui n'étouffiez pas d'amour pour ce pauvre défunt... c'est vrai, mais qui saviez le faire respecter par tout le monde, comme vous le respectiez vous-même...

CATHERINE.

Eh bien, enfin, où veux-tu en venir? c'est gentil, tout ces souvenirs-là, mais tu dois avoir encore autre chose à me dire?

JEAN LE BLANC.

Pardine ! j'ai encore à vous dire, Catherine, qu'après tout ça je dois savoir qui vous êtes, et me fier à vous, et vous croire les yeux fermés... et les oreilles de même... j'ai à vous dire... que si les voisins, les épiciers et les autres, sous prétexte que je suis un homme de la campagne et que je ne connais pas les êtres de la grande ville, viennent me chanter des chansons saugrenues et me conter un tas d'histoires effrayantes pour me monter la tête contre vous... je dois trouver faux tout ce qu'ils disent et tout ce qu'ils chantent, parceque j'ai confiance !.. (ici la voix de Jean Le Blanc perd un peu de son assurance, et il termine en pleurant à chaudes larmes et d'une manière comique.) j'ai à vous dire que s'il vient chez vous un tas de grands seigneurs qui vous content des douceurs en mangeant des petits pains, et qui vont même jusqu'à se mettre dans le pétrin pour vous être agréable, ça m'est bien égal... parceque j'ai confiance... enfin, j'ai à vous dire que si vous allez vous trouver ici toute seule avec monseigneur le Régent qui est un gaillard, à ce qu'il paraît, bon enfant, pas fier, et capable de traiter une boulangère comme une duchesse; si vous ne rêvez plus que c'moment-là, Catherine... tandis que moi... rien que d'y penser ça me crève le cœur... ça m'étouffe, ça me donne le frisson, et la fièvre...

CATHERINE.

Ah ! mon Dieu ! mon pauvre Jean Le Blanc !

JEAN LE BLANC.

J'ai à vous dire que ça m'est encore égal, que je suis parfaitement tranquille, et que je ne veux vous demander rien de rien, aucune explication... parceque... parceque... j'ai... j'ai confiance. Voilà, Catherine, voilà tout ce que j'avais à vous dire.

CATHERINE.

Oh ! je n'y tiens plus, je ne peux pas te voir pleurer comme ça, Jean Le Blanc ; et pour te rassurer un peu... tiens, écoute-moi, mon garçon.

JEAN LE BLANC.

Du tout, je ne veux pas... quand je vous dis que j'ai confiance.

CATHERINE.

Mais Son Altesse...

JEAN LE BLANC.

Je n'ai pas confiance dans Son Altesse ; j'ai confiance en vous, Catherine, et je ne veux rien entendre.

CATHERINE.

Cependant si je l'exige.

JEAN LE BLANC.

Oh ! alors, c'est différent, j'obéis ; j'avoue même que ça me fait plaisir... Je vous écoute, Catherine, je vous écoute de toutes mes oreilles.

CATHERINE.

Figure-toi...

JEAN LE BLANC.

Eh bien ?

CATHERINE, *regardant à gauche*.

On ouvre cette porte... c'est monseigneur.

JEAN LE BLANC.

Monseigneur !... je m'en vas, Catherine.

ENSEMBLE.

(Reprise du petit refrain chanté au commencement de la scène.)

JEAN LE BLANC.

J'ai confiance,
J' prends patience, etc.

CATHERINE.

Va, confiance,
Prends patience, etc.

(Jean Le Blanc sort par le fond, et le Régent entre par la gauche.)

SCÈNE VI.

LE RÉGENT, CATHERINE, puis UN PAGE.

LE RÉGENT. Il entre, et va s'asseoir avec colère, sans voir Catherine.

C'est affreux ! c'est infâme ! Rien, rien !

CATHERINE, à part.

Mon Dieu! comme il est en colère!... la peur me revient.

LE RÉGENT.

Follange lui seul, le plus étourdi de tous, s'est montré vraiment digne aujourd'hui du nom de gentilhomme: l'emploi qu'il a voulu donner à cette folle gageure... Mais les autres, mais ce d'Étioles, ce Chavigny, et le duc d'Amboise lui-même... Ah! jamais je ne me serais attendu à tant d'indifférence et de lâcheté!

(Il s'est levé vivement en achevant sa phrase, et trouve devant lui Catherine, qui lui fait la révérence.)

CATHERINE.

Monseigneur...

LE RÉGENT.

Ah! vous étiez là, madame Catherine?

CATHERINE.

D'après les ordres de Votre Altesse, je vous attendais.

LE RÉGENT, à part.

Il y a une heure, je pouvais encore désirer sa présence, et maintenant...

CATHERINE, à part.

Qu'a-t-il donc? j'ai bien de la peine à fixer son attention.

(Entre un page par le fond.)

SCÈNE VII.

LES MÊMES, UN PAGE.

LE PAGE.

Monseigneur, madame la comtesse de Chavigny et la marquise d'Étioles demandent l'honneur d'être admises auprès de Votre Altesse.

CATHERINE, à part.

Tiens, mes deux ennemies!... comme ça se rencontre!

LE RÉGENT, à part.

Ah! peut-être viennent-elles réparer les torts de leurs nobles époux, et m'offrir d'elles-mêmes ce qu'ils m'ont refusé. (Haut, au page.) Qu'elles entrent. (Se tournant vers Catherine, et lui indiquant une porte à droite.) Pardon, vous voyez, madame Catherine...

CATHERINE.

Monseigneur, j'avais audience long-temps avant ces dames; mais je sais bien que la petite bourgeoise doit céder le pas aux marquises et aux comtesses: son tour viendra; je vais attendre encore.

LE RÉGENT.

Oui, madame Catherine: dans un instant, je vous rappellerai.

(Il la fait sortir à droite, au moment où les deux dames en grande toilette entrent au fond.)

SCÈNE VIII.

LE RÉGENT, LA MARQUISE, LA COMTESSE.

LE RÉGENT.

Je n'attendais ces dames... qu'au jeu de ce soir... Qui me procure cette douce faveur?

LA MARQUISE.

Monseigneur... nous venons vous demander justice.

LE RÉGENT.

Vous savez que je suis le chevalier né de toutes les jolies femmes du royaume, et à ce titre...

LA COMTESSE et LA MARQUISE.

Ah! monseigneur...

(Sur un signe du Régent, deux pages ont avancé deux fauteuils, et le Régent s'assied entre les deux dames.)

LA MARQUISE.

Nous avons été insultées publiquement, ce matin, par une femme du peuple.

LE RÉGENT, souriant, et regardant du côté de la porte à droite.

Ah! la boulangère, n'est-il pas vrai? J'ai entendu parler de cela... (A part.) On ne veut pas qu'aujourd'hui je songe à autre chose.

LA MARQUISE.

Oui, monseigneur, la boulangère, et pardonnez-nous de vous occuper d'une pareille créature: mais ce que nous demandons est bien simple, bien facile; il s'agirait seulement de la faire transférer sur-le-champ aux Madelonnettes ou à la Salpêtrière.

LA COMTESSE.

Voilà tout.

LE RÉGENT.

Ah! voilà tout!... c'est un peu rigoureux, mesdames; le duc d'Amboise vous dira que je lui ai résisté pour une demande pareille.

LA COMTESSE.

Pourtant, monseigneur, si l'affront que nous avons reçu est toléré, bientôt le peuple de Paris couvrira de boue les plus illustres blasons de vos braves gentilshommes.

LE RÉGENT.

Il ne l'oserait pas.

LA MARQUISE.

Il l'osera, monseigneur, si l'on ne repousse pas l'insolence de cette femme, qui semble commander à la populace de son quartier.

LE RÉGENT.

Mais l'instant est-il bien choisi par vous, mesdames, pour vouloir irriter par un tel acte de rigueur cette populace que vous détestez tant, cette populace qui aujourd'hui manque de pain, et qui vient en demander aux portes de mon palais?... est-ce le temps de songer à votre vengeance? au milieu des misères publiques, ne devrait-il pas entrer des soins plus nobles et plus grands dans des ames telles que les vôtres?

LA COMTESSE.

Comment?

LA MARQUISE.

Je ne vous comprends pas, monseigneur.

LE RÉGENT.

Je vous le répète, le peuple demande du pain, et les soldats de la garnison de Paris réclament hautement l'arriéré de leur solde... la révolte entoure le trône...En attendant que des fonds rentrent dans le trésor épuisé, quatre cent mille livres pourraient sauver Paris des plus grands malheurs; je me suis adressé au comte et au marquis, les plus riches de mes gentilshommes, pour avoir cette somme; voici ce qu'ils m'ont répondu: M. d'Étioles. « Mon prince, mon vieux château tombait en ruines, et je viens de faire les plus grands sacrifices pour le faire relever... » M. de Chavigny. « J'ai tant perdu au lansquenet de la cour, monseigneur, que je me vois dans l'impossibilité... » Ils osent me donner des raisons pareilles... à moi, régent de France!

(Il s'est levé avec colère à la fin de cette phrase, et les deux femmes en ont fait autant.)

LA MARQUISE.

Le marquis ne vous a point trompé, monseigneur; depuis quelque temps notre fortune a reçu de telles atteintes...

LA COMTESSE.

Et la nôtre donc!... c'est au point que mon douaire est compromis, et que nous serons obligés pour rétablir notre crédit... d'aller passer quelques années dans ma terre.

LE RÉGENT.

Oui, sans doute... je vous crois... mais le peuple et l'armée manquent de pain, et dans ce temps de désolation, la marquise d'Étioles et la comtesse de Chavigny ne craignent pas de traverser les rues de Paris... couvertes de diamants dont le prix réuni suffirait pour nourrir toute une population, et sauver peut-être la France des plus grands désordres.

LA MARQUISE.

Monseigneur, votre noblesse est-elle donc tenue de s'immoler...

LE RÉGENT.

Dans les temps de crise, madame, la noblesse doit l'exemple de tous les sacrifices... et s'ils coûtent trop à sa vanité... à son avarice.... vous conviendrez du moins que ce n'est guères l'instant de venir se plaindre de l'insolence du peuple...

LA COMTESSE et LA MARQUISE.

Monseigneur...

LE RÉGENT.

Pardon, mesdames, je suis obligé de rompre cet entretien, pour aviser aux moyens de trouver ailleurs ce que je ne puis obtenir des seigneurs de ma cour... quant à la demande que vous m'avez faite, vous n'y songez plus vous-mêmes, j'en suis sûr... non, les torts de la boulangère ne sont pas de ceux que peut atteindre la justice du roi... une lettre de cachet contre une femme dont toute la faute ne peut être, après tout, qu'une excessive coquetterie... eh! que deviendrions-nous, mesdames, s'il fallait punir ainsi toutes les coquettes du royaume?... nos prisons d'état se rempliraient aux dépens de nos salons, et bientôt elles seraient trop petites pour renfermer toutes les coupables. N'est-ce pas votre avis, mesdames?

LES DEUX DAMES, faisant une profonde révérence.

Monseigneur...

(Le Régent s'incline. —Elles sortent.)

SCÈNE IX.

LE RÉGENT, seul.

Ah! tout ce qui m'arrive aujourd'hui, tout ce que j'ai entendu de ces dames et de mes gentilshommes, tout cela m'a rappelé à moi-même, à ma dignité... et d'abord... (montrant la porte à droite.) cette Catherine... je l'ai defendue contre ses ennemis... je le devais... mais il faut qu'elle s'éloigne, qu'elle parte... non, pour moi... quand le peuple est souffrant, il ne peut y avoir là que des pensées graves et sérieuses... J'irai moi-même, j'irai me présenter à mes soldats, et je leur dirai...

SCÈNE X.

LE RÉGENT, CATHERINE; puis un instant après, FOLLANGE, D'AMBOISE, et LES AUTRES SEIGNEURS.

CATHERINE, paraissant sur le seuil de la porte à droite.

Monseigneur, c'est mon tour, n'est-ce pas?

LE RÉGENT.

Non, madame Catherine, non... dans ce moment, impossible.

CATHERINE.

Impossible!

(Dans ce moment, les têtes des différents portraits qui ornent la galerie se trouvent enlevées, et à leur place on voit celles des différents seigneurs.)

LE RÉGENT. En se retournant, il aperçoit Follange, puis les autres, et pousse un cri involontaire.

Ah!

CATHERINE.

Qu'avez-vous, monseigneur?

LE RÉGENT, se plaçant vivement devant elle, de manière à l'empêcher de voir, et l'amenant sur le devant de la scène.

Rien! rien...

(Les seigneurs sont placés dans l'ordre suivant : à gauche, Follange et le duc; à droite, Chavigny et d'Étioles. Les deux tableaux placés tout-à-fait au fond, des deux côtés de la porte d'entrée, sont restés tels qu'ils étaient depuis le lever du rideau.)

FOLLANGE.
C'est elle! c'est Catherine!
CHAVIGNY.
Elle est venue!
D'AMBOISE.
Pour bien juger, il faut tout voir et tout entendre.
LE RÉGENT, à part.
Allons, puisqu'il le faut, puisque tout le monde le veut, je me résigne. (Éloignant toujours la boulangère de l'endroit où elle pourrait voir les seigneurs.) Je vous sais gré, belle Catherine, d'avoir consenti à venir visiter un pauvre prince qui vit ici retiré comme un ermite.
CATHERINE.
Je n'avais garde de manquer à l'audience que j'avais tant sollicitée... une si belle occasion ne se présente pas deux fois : une pauvre boulangère en tête-à-tête avec le chef de l'État... et pourtant je suis sûre, monseigneur, que vous avez une bien mauvaise idée de moi, à présent.
LE RÉGENT.
Vous penseriez?..
CATHERINE.
Je pense que vous ne soupçonnez guères le motif de mes instances pour arriver jusqu'à Votre Altesse.
LE RÉGENT.
Le motif...
D'AMBOISE.
Il est bien clair, pourtant.
CATHERINE.
Permettez-moi d'appeler ceux qui sont venus avec moi, et qui attendent là, dans la pièce voisine.
(Elle montre le fond et marche de ce côté.)
LE RÉGENT.
Que faites-vous?
(Au mouvement qu'a fait Catherine, toutes les têtes des seigneurs ont disparu, et les tableaux se trouvent tels qu'ils étaient au lever du rideau.—Catherine ouvre la porte : Jean Le Blanc et Pain-Mollet entrent en scène portant une corbeille remplie de pains.—Toutes les têtes de seigneurs reparaissent.)

~~~~~~

SCÈNE XI.

LES MÊMES, PAIN-MOLLET, JEAN LE BLANC.

PAIN-MOLLET.
Voilà, voilà.
JEAN LE BLANC.
Tais-toi donc, Pain-Mollet, on ne crie pas comme ça devant Son Altesse.
(Tous deux déposent la corbeille sur un guéridon placé sur le devant du théâtre à la droite du public.)
CATHERINE.
C'est bien, laissez-nous.
PAIN-MOLLET.
Voilà, voilà.
JEAN LE BLANC.
Encore!..
PAIN-MOLLET.
Ah! c'est juste, on ne crie pas devant Son...
(En disant ces mots, il a marché vers le fond du théâtre, et il a vu les têtes des seigneurs qui ne se retiraient pas assez précipitamment; il pousse un grand cri.)
Ah!
CATHERINE.
Qu'est-ce donc?
(Elle se retourne ainsi que le Régent et Jean Le Blanc.—Toutes les têtes ont de nouveau disparu.)
LE RÉGENT, vivement.
Retire-toi... laisse-nous.
(Ils sortent par le fond; toutes les têtes reparaissent.)
LE RÉGENT.
Mais à quoi bon faire porter cette corbeille dans ce boudoir?
CATHERINE.
Cette corbeille?..
PAIN-MOLLET, fourrant sa tête dans l'un des tableaux jusqu'alors inoccupés.
Tiens! la jolie petite fenêtre!
JEAN LE BLANC, paraissant au tableau parallèle.
Ah! v'là un œil de bœuf! fameux! j'ai confiance!
(Tous ces mouvements ont été exécutés en un clin d'œil.— La tête de Pain-Mollet se trouve encadrée dans un portrait de femme placé à la droite de la porte; celle de Jean Le Blanc, dans celui d'un guerrier armé de pied en cap, à gauche de la porte.)
CATHERINE.
C'est pour me rappeler, même près de vous, monseigneur... que je ne suis qu'une pauvre boulangère... Il y a des moments, le croiriez-vous... où je suis fière comme une marquise.
LE RÉGENT.
Oui... l'on m'a dit que vous aviez traité des dames de la cour avec une familiarité...
CATHERINE.
Ah! vous savez cela... Je ne suis pas allée dans leurs hôtels, moi; elles sont venues me chercher... elles m'ont trouvée.
LE RÉGENT.
Il paraît qu'elles ont beaucoup à se plaindre de vous...
CATHERINE.
Je crois bien... elles venaient me redemander leurs amants... je leur ai rendu leurs maris.
JEAN LE BLANC, au fond.
Fameux! fameux!
PAIN-MOLLET.
Bien tapé, la bourgeoise!
LE RÉGENT, jetant avec intention ses paroles vers les seigneurs qui écoutent.
Pauvre d'Étioles! infortuné Chavigny! je les plains de tout mon cœur! (Mouvement en sens divers parmi tous ceux qui écoutent.) Mais le tour est impayable, et chaque mot qui vous

échappe augmente encore mon amour pour vous.

CATHERINE, *jouant la plus grande surprise.*
Votre amour, votre amour, monseigneur?

LE RÉGENT.
D'où vient cet étonnement?.. N'est-ce point là le sentiment que vous devez inspirer... à tous ceux qui ont le bonheur de vous voir... de vous entendre... Et tous les jeunes seigneurs de ma cour ne vous ont-ils pas offert leurs hommages?..

CATHERINE.
C'est vrai!.. mais franchement... je croyais que le Régent de France avait en ce moment autre chose à faire... qu'à songer à séduire la veuve d'un pauvre artisan... Je sais bien que votre aïeul Henri IV ne dédaignait ni les fermières, ni les meunières... mais, quand votre aïeul songeait à l'amour... ses soldats étaient heureux et le peuple avait la poule au pot.

PAIN-MOLLET.
Bien tapé, la bourgeoise!

LE RÉGENT.
La morale est si belle et si juste qu'il faut que je t'embrasse pour cela.

CATHERINE.
Vous pouvez m'embrasser, monseigneur... je n'ai rien à refuser au descendant d'Henri IV.

FOLLANGE.
Infamie!

JEAN LE BLANC.
Oh! la traîtresse!

LE RÉGENT.
Rien à me refuser, dites-vous, ma belle Catherine! nous sommes alors bien près de nous entendre.

CATHERINE.
C'est selon... comme vous comprenez les choses.

LE RÉGENT.
Mais si vous ne les compreniez pas comme moi... je pense que vous ne seriez pas ici.

CATHERINE.
Monseigneur... on m'a accusé d'avoir ruiné vos gentilshommes... je défie un seul d'entre eux d'oser soutenir cette calomnie; seulement, au moment où Paris était menacé d'une famine, ma coquetterie rançonnait un peu la noblesse pour assurer du pain à ceux qui devaient en manquer le lendemain... Oui, monseigneur, à la veille d'une disette, j'ai amené de Lieursaint les provisions nécessaires pour que cette disette ne soit pas trop cruelle aux indigents du quartier du Palais-Royal, et notre quartier à tous les deux, monseigneur!..

LE RÉGENT.
Ah! madame Catherine!.. tant de noblesse d'âme et de générosité...

CATHERINE.
Dans mes entretiens avec vos gentilshommes, je me suis trouvée au courant des misères de la France, j'ai deviné la crise qui se préparait, et voilà pourquoi j'ai voulu, mais voulu absolument arriver jusqu'à vous, le Régent de France. Aujourd'hui la garnison de Paris fait entendre des murmures, je le sais; il vous faut, il vous manque de l'or pour payer la solde arriérée de vos troupes, je le sais encore... Eh bien, la boulangère vient à genoux vous supplier d'accepter ses écus, pour être employés à contenter vos braves soldats.

(*Elle se jette aux genoux du Régent.*)

La boulangère a des écus,
Car son état prospère;
Que ses vœux ne soient pas déçus,
Dans cette offre sincère...
N'affligez point par un refus
La pauvre boulangère
Aux écus...
La pauvre boulangère.

LES SEIGNEURS.
Qu'entends-je? se peut-il?

JEAN LE BLANC.
Oh! ma bonne Catherine!...

PAIN-MOLLET, *pleurant.*
Bien tapé, la bourgeoise!

LE RÉGENT.
Relevez-vous, madame Catherine, relevez-vous... Oh! vous êtes une digne et noble femme, vous... et le Régent de France vous prie d'oublier ou plutôt... de lui pardonner une pensée indigne de vous et de lui.

CATHERINE.
Oui, monseigneur, je vous pardonnerai... si vous acceptez mon argent.

LE RÉGENT.
Je l'accepte comme un prêt, madame Catherine, et cet argent vous sera royalement rendu...

CATHERINE.
Tenez, monseigneur... là, au fond de cette corbeille, quatre cent mille livres... comptez vous-même... car si vous voulez m'en croire... vous ne ferez pas compter par votre contrôleur-général... votre compte pourrait bien ne pas s'y retrouver...

LE RÉGENT.
Tu me parlais du grand Henri tout-à-l'heure.. mais sais-tu bien que tu viens de faire là un trait digne de sa grande âme...

CATHERINE.
Eh! mais, monseigneur, on se ressemble de plus loin.

LE RÉGENT.
Que veux-tu dire?

CATHERINE.
Qu'il ne tiendrait qu'à moi d'être un peu parente de Votre Altesse.

LE RÉGENT.
Comment?

CATHERINE.
Tenez, monseigneur... ce papier qui faisait

partie de l'héritage de mon arrière grand'mère, ce papier est une preuve que j'avais le droit de donner du pain au peuple de Paris.

LE RÉGENT.

Votre arrière grand'mère !

CATHERINE.

Oui, la fille de Michaud, meunier à Lieursaint... à l'époque de certaine partie de chasse... Tenez, lisez, monseigneur.

(L'orchestre exécute en sourdine un des principaux motifs de l'*Ouverture du jeune Henri*.)

LE RÉGENT, lisant.

« Ne pleurez point, Catau ; si c'est un gar« çon... nous en ferons un noble et vaillant « chevalier... si c'est une fille... elle restera dans « votre moulin de Lieursaint, mais nous la fe« rons riche comme une princesse... afin qu'elle « puisse faire du bien au peuple que j'aime « tant... »   HENRI-LE-BÉARNAIS. »

(Parlant.) Grand Dieu ! se pourrait-il ?

CATHERINE.

Air du Baiser au Porteur.

Catau mit au monde Thérèse,
Thérèse épousa son cousin,
Et mit au jour Pierre Nicaise ;
Pierre Nicaise eut pour fils Valentin ;
Valentin fut père de Mathurin ;
Mathurin épousa ma mère,
Et de ce mariage, enfin,
Naquit la pauvre boulangère :
Voilà comment vous êtes mon cousin.
Oui, Catau fut mon arrière grand'mère,
Voilà comment vous êtes mon cousin.

LE RÉGENT.

Ventre-Saint-Gris... madame la Boulangère !

Même air.

Mon aïeul fut un vaillant drille,
Qui moissonna des fleurs partout ;
Et de Michaud la gente fille
Fut, je le vois, fort de son goût ;
Mais noblement il savait, avant tout,
De ses sujets apaiser la souffrance ;
Et comme lui, vous, quand le peuple a faim,
Vous donnez votre or pour la France :
Voilà pourquoi je suis votre cousin.
Tout votre or est là pour la France,
Voilà pourquoi je suis votre cousin.

CATHERINE.

Monseigneur...

LE RÉGENT.

A moi, à moi, mes gentilshommes. (Tous les seigneurs quittent les tableaux, et entrent en scène par la porte du fond.) Je vous présente à tous la femme la plus noble du royaume, à laquelle je donne, au nom du Roi et de la France, des lettres de noblesse... le titre de marquise et le château de Rainville qui m'appartient.

CATHERINE.

Des lettres de noblesse et un château... à moi !

LE RÉGENT.

Oui... car je veux que vous deveniez l'épouse d'un de mes gentilshommes, et à celui-là mes faveurs seront à jamais acquises.

FOLLANGE.

Monseigneur... vous connaissez l'amour que j'ai pour elle ; vous savez aussi que les faveurs de Votre Altesse ne sont pour rien dans ma résolution... Maintenant, enfin, j'ai l'aveu de mon oncle. Catherine, voulez-vous être ma femme ?

CATHERINE.

Oh ! vous êtes un brave et digne seigneur, vous... un peu mauvaise tête, mais ça ne me déplaît pas... et ce n'est pas pour ça que je vous refuse... Pardon, à la cour et dans votre grande ville on est trop exposé à la médisance. Je me suis choisi un mari tout franc, tout rond, et qui a le bonheur d'être de la même souche que moi ; un pauvre garçon qui aurait pu m'accuser comme tout le monde, et qui cependant n'a pas cessé de dire un seul instant...

JEAN LE BLANC, criant de la place où il est resté dans le tableau.

J'ai confiance, ma petite Catherine, j'ai confiance.

PAIN-MOLLET, criant aussi de sa place.

Oui, la bourgeoise, nous avons confiance.

(Mouvement général de tous les seigneurs.)

CATHERINE.

Monseigneur, je n'ai pas besoin de lettres de noblesse, ni du château que vous avez daigné m'offrir... et je cède même la boulangerie de la Régence à qui la voudra.

PAIN-MOLLET, rentrant au fond avec Jean Le Blanc.

Voilà, voilà.

CATHERINE.

Jean Le Blanc, demain nous retournerons au moulin de Lieursaint.

LE RÉGENT.

Et comptez, madame Catherine, sur la prochaine visite du Régent.

FOLLANGE.

Et sur la mienne.

D'AMBOISE.

Nous irons tous.

JEAN LE BLANC, à demi-voix à Catherine, avec un reste d'inquiétude.

J'ai... j'ai confiance.

CATHERINE, de même.

Sois tranquille... le Régent et moi nous sommes assez cousins comme ça, je n'en veux pas davantage. (Haut.) Messeigneurs, le moulin de Lieursaint est bien petit pour vous recevoir... et puis, à quoi bon vous déranger ? vos visites n'auraient pas le même résultat, la même utilité qu'à Paris. A Lieursaint, il n'y a pas de pauvres, n'est-ce pas, Jean Le Blanc ?

JEAN LE BLANC.

Non, non, il n'y en a pas. (Bas.) Ils ne viendront pas... merci, Catherine, j'ai confiance !

CHOEUR GÉNÉRAL.

Air final du Domino noir.

Confiance éternelle
Pourra {vous/nous} rendre {vous/nous} rendre heureux ;
Sa tendresse éternelle
Va couronner (*bis*.) {ses/mes} feux !

CATHERINE, au public.

Air de la Boulangère.

C'en est donc fait, et dès demain
Je n' suis plus boulangère ;
Je quitt' le four pour le moulin,
A moins que pour vous plaire
Il n' faill' remettre au lendemain
L' voyag' que je veux faire à Lieursaint,
Et rester boulangère.

FIN DE LA BOULANGÈRE A DES ÉCUS.

PARIS.—IMPRIMERIE NORMALE DE JULES DIDOT L'AINÉ,
n° 4, boulevart d'Enfer.

www.ingramcontent.com/pod-product-compliance
Lightning Source LLC
Chambersburg PA
CBHW060628050426
42451CB00012B/2483